RAPPORT
SUR LE HAVRE MARAT;

Envoyé au Comité de sûreté générale de la Convention nationale, le 9 Thermidor dernier.

Par CHARLES BERLE, de la Section du Panthéon Français;

Et JACQUES-LOUIS ASTIER, chef de la cinquième division de la Commission des administrations civiles, police et tribunaux, de la Section Bon-Conseil.

Nous avons cru nous rendre plus utiles, et mieux mériter de nos concitoyens, en donnant de la publicité à ce rapport. La convention nationale, et les comités de salut public et de sûreté générale, y trouveront des preuves convaincantes de l'influence et de l'étendue de la faction *Robespierrienne*. Nous la connoissions bien à l'époque où nous écrivions ; mais alors il eût été trop dangereux de la désigner par son nom, et nous avons cru nous rapprocher davantage de la vérité, en la qualifiant de faction *Hébertiste*. On ne pouvoit être instruit au Hâvre, le 9 thermidor, de l'heureuse révolution opérée au sein même de la Convention, et de la chûte si subite du tyran. Au surplus, les agens *d'Hébert*, et les agens de *Robespierre* sont les mêmes. Les uns et les autres avoient mis la terreur et le sang à l'ordre du jour, et l'on verra combien il a fallu de courage et de dévouement pour avoir parlé et écrit comme nous l'avons fait à l'époque que nous venons d'indiquer.

AUX MEMBRES
DU COMITÉ DE SURETÉ GÉNÉRALE
DE LA CONVENTION NATIONALE.

Hâvre-Marat, 9 Thermidor, l'an deuxième
de la République, une et indivisible.

CITOYENS REPRÈSENTANS.

L'EMPRESSEMENT avec lequel nous vous avons transmis les renseignemens que vous nous avez demandés sur quelques citoyens de cette commune, ne suffit point au desir que nous avons de vous prouver notre exactitude et notre respect pour vos ordres. Votre confiance exige davantage de notre zèle, et nous impose le devoir, cher à nos cœurs, d'y répondre d'une manière plus utile à la patrie. De grands dangers menacent la tranquillité et la sûreté publiques dont le maintien est confié à votre surveillance patriotiques. C'est donc en mettant sous vos yeux le résultat et l'ensemble des observations que nous avons faites sur cet important objet pendant le cours de notre mission, que nous nous montretons véritablement citoyens, véritablement dignes de l'estime et de l'attention des représentans du peuple. Vous verrez combien elles étoient étendues et multipliées les ramification de ces factions conspiratrice que vous avez déjouées et abattues ; et en vous faisant connoître les criminelles machinations des complices, des successeurs *d'Hébert*, qui par-tout dans ce moment s'agitent et paroissent vouloir se relever, c'est préparer d'avance de votre part, et leur destruction prochaine, et la punition due à leurs forfaits.

Nous sommes au Hâvre, citoyens représentans, depuis le commencement de frimaire. A cette époque, un plan de famine générale étoit à l'ordre du jour. C'étoit par la disette et la pénurie des subsistances qu'on vouloit exciter le peuple, et le soulever ainsi, par l'espoir du mieux sous un autre régime, contre la Convention nationale et le gouvernement Républicain. Dans ce tems-là, Hébert, chef de ce complot affreux, dominoit les cordeliers à Paris, et le trop fameux journal du père Duchéne, répandu avec profusion dans les départemens, acquéroit à son auteur cette funeste influence qui a mis la République à deux doigts de sa perte. Notre première étude, dans cette commune, fut d'y sonder l'esprit public, et particulièrement de nous y assurer des principes de la société populaire dont nous n'avions pas entendu dire grand bien. Nous la trouvâmes, comme beaucoup d'autres sociétés, où les lumières ne sont point en raison du patriotisme, composée d'un grand nombre d'estimables sans-culottes attachés sincèrement à la République une et indivisible, mais intriguée en même tems par cinq à six commis de comptoirs aussi aristocrates au fond de l'ame, qu'exagérés patriotes au dehors; ces individus y dominoient et y dominent encore, à l'aide de leur audace et de leurs poumons, tous les bons sans-culottes, trop foibles pour leur ropondre. Nous crûmes voir dans ces meneurs, les associés *d'Hébert*, et leurs discours nous parurent être *les échos de ceux du père Duchêne*. Cette opinion, qui d'abord n'étoit qu'un soupçon, acquit plus de consistance dans notre esprit, lorsque nous fûmes témoins des dificultés opposées au succès de l'importante opération qui nous avoit été confiée; chargés de traiter des cargaisons des navires neutres, en relâche alors au port du Hâvre, cargaisons qui toutes consistoient en subsistances et autres objets de première nécessité, tous les négocians dont l'entremise nous étoit nécessaire furent mis en état d'arrestation. Il n'est pas jusqu'à un de nos commis peseurs, qui n'ait éprouvé le même sort. Sans le représentant du peuple *Siblot*, qui se trouvoit alors sur les lieux, et qui nous rendit provisoirement ceux dont nous avions besoin, nous n'aurions pu remplir notre mission, et la commune de Paris, que nous avons approvisionnée presque tout l'hiver, eût été en proie aux plus affreux besoins. A cette époque, le principal chef des bureaux civils de la marine, qui présidoit la société, fut destitué. Cet évènement nous donna encore lieu de mieux apprécier les intrigans dont nous parlons. Une discussion scandaleuse fut agitée *au club*, on s'y permit des réflexions indécentes sur le comité de salut public. *Siblot* y fut traité de modéré, et malgré la sagesse de ses représentations, il fut arrêté que la société enverroit deux députés au comité de salut public, pour lui demander compte de la destitution de son président, *ce qui fut exécuté*. De notre côté, nous fûmes traités *d'intrigans*, *d'accapareurs*, *d'espions du comité de salut public*. Une lettre de nous écrite alors au ministre *d'Albarade*, et qui se trouve dans notre correspondance, atteste la vérité de tous ces faits.

De telles menées, citoyens représentans, dans un tems précisement où Paris en offroit de pareilles, ne peuvent laisser de doute sur l'existence au Hâvre d'une partie de la faction Hébertiste,

Nous en trouvons une nouvelle preuve dans ce que nous y voyons encore aujourd'hui. Les coquins d'ici sont parfaitement au pas des coquins de Paris, et c'est toujours la même marche qu'ils suivent.

La surveillance active des comités de sûreté générale et de salut public, et la prudence des mesures prises pour l'approvisionnement de la République, firent échouer le plan homicide *d'Hébert*. Le supplice de ce conspirateur effraya ses partisans, et comprima quelque tems leur audace. Mais le crime ne sauroit se contenir longtems, et il relève aujourd'hui sa tête hideuse. Un nouvel attentat contre la République est encore à l'ordre du jour ; ce n'est plus par la famine, c'est par la terreur et l'oppression, qu'on veut alarmer les citoyens. Ce système, déjà connu du comité, a étendu jusqu'au Hâvre ses dangereuses ramifications. A la société populaire, (et ce sont toujours les mêmes intrigans qui se mettent en avant) il a été lu, il y a quelques jours, une liste de proscription, contenant les noms de plus de cent honnêtes citoyens, parmi lesquels on avoit inscrit fort adroitement quelques aristocrates connus pour en imposer davantage. Les auteurs de cette liste de discorde vouloient que tous les membres des autorités constituées fusent tenus de venir se faire épurer à la barre de la société. Cette motion incendiaire, qui étoit une critique scandaleuse de la conduite des divers représentans du peuple venus dans ce département, qui ont eux-mêmes et plusieurs fois épuré les autorités constituées ; cette motion, qui accusoit le patriotisme, et dérangeoit les fonctions du comité de surveillance, établi par les décrets, étoit sur le point de passer. Ce ne fut qu'à la suite d'une discussion orageuse que la voix de la raison eut un peu le dessus, sans cependant qu'elle ait pu obtenir autre chose, à ce sujet, que la nomination d'une commission de 14 membres chargés de prendre des renseignemens sur la conduite et les principes des personnes dénoncées et de les épurer ensuite. Cette mesure, moins éclatante que la première, n'en a pas moins imprimé la terreur dans toutes les ames honnêtes. On sait ce que peuvent les passions particulières, et les intrigans ne manqueront point d'en faire jouer tous les ressorts. Les mères et les épouses sont dans la désolation ; elles tremblent sur le sort de leurs maris, de leurs enfans. La liste des proscrits doit être portée à 500, et tel a été l'effet de terreur produit par cette odieuse manœuvre, que les étrangers eux-mêmes n'ont pas été exempts d'inquiétude, et que beaucoup de capitaines neutres qui nous avoient apporté des subsistances, craignant de voir leurs relations interrompues par l'arrestation présumée de ceux des négocians avec lesquels ils correspondent, vouloient quitter ce port pour aller disposer ailleurs des précieuses denrées dont leur attachement à la République française les engage à venir journellement approvisionner nos magasins.

Tels sont, citoyens représentans, les complots que nous devons dénoncer à votre surveillance. Les malveillans n'osent point accuser publiquement ni ouvertement le gouvernement révolutionnaire de tyrannie ; mais ils proposent des mesures tyranniques pour faire haïr le gouvernement révolutionnaire, et soulever le peuple contre la Convention. Nous le répétons : nous reconnaissons ici tous les caractères *du systême Hébertiste*. Mais la Convention est là..... mais les comités de salut public et de sûreté générale veillent sans cesse au bonheur de la patrie, tout échoue, tout échouera devant ce triple rocher, et la mort attend les conspirateurs.

Nous devons ajouter au recit affligeant que nous venons de vous faire, une vérité consolante, et bien propre à augmenter encore, s'il étoit possible, vos courageux efforts pour le salut public ; c'est que nous avons remarqué, presque par-tout, les effets de la confiance du peuple dans les opérations des comités de salut public et de sûreté générale ; un grand respect pour la Convention que l'on chercheroit envain à avilir, et nous vous assurons que l'espoir, comme les regards de tous les citoyens, ne cessent d'être portés vers vous. Combien de fois n'avons-nous pas entendu dire.... *Mais ce n'est point là l'intention de la Convention... ah! si le comité de salut public, si le comité de sûreté générale le savoient.....* Paroles consolantes pour vous, puisqu'elles sont l'expression, et pour ainsi dire, l'épanchement de la confiance publique. Achevez donc, citoyens représentans, votre pénible, mais glorieuse tâche. Sauvez la patrie ; Vengez l'inocence opprimée ; votre récompense sera dans le bonheur du peuple ; elle est déjà dans la reconnoissance journalière des patriotes: ils sont tous avec vous, et nous nous honorons d'être de ce nombre.

ASTIER, BERLE.

De l'Imprimerie de la Société Thypographique des Trois Amis, rue Jacques, n°. 13, au-dessus de la place Cambrai.

www.ingramcontent.com/pod-product-compliance
Lightning Source LLC
Chambersburg PA
CBHW061614040426
42450CB00010B/2489